TRANSLATED
Translated Language Learning

The Country of the Blind
Страна слепых

H.G. Wells

English / Русский

Copyright © 2024 Tranzlaty
All rights reserved.
Published by Tranzlaty
ISBN: 978-1-83566-236-6
Original text by H.G. Wells
The Country of the Blind
First published in English in 1904
www.tranzlaty.com

Three hundred miles and more from Chimborazo
Триста миль и более от Чимборасо
one hundred miles from the snows of Cotopaxi
в ста милях от снегов Котопахи
in the wildest wastes of Ecuador's Andes
в самых диких пустошах эквадорских Анд
cut off from all the world of men
Отрезанный от всего мира людей
there lies the mysterious mountain valley
Там раскинулась таинственная горная долина
the Country of the Blind
Страна слепых
Long years ago, that valley was open to the world
Давным-давно эта долина была открыта миру
men came through frightful gorges and over an icy pass
Люди шли через страшные ущелья и через ледяной перевал
from there they could get into the valley's equable meadows
Оттуда они могли попасть на ровные луга долины
and men did indeed come to the valley this way
И люди действительно пришли в долину таким путем
some families of Peruvian half-breeds came
некоторые семьи перуанских полукровок приехали
they were fleeing from the tyranny of an evil Spanish ruler
они бежали от тирании злого испанского правителя
Then came the stupendous outbreak of Mindobamba
Затем случилась колоссальная вспышка Миндобамбы
it was night in Quito for seventeen days
Семнадцать дней стояла ночь в Кито

and the water was boiling at Yaguachi
и вода в Ягуачи кипела
the fish were dying as far as Guayaquil
рыба умирала вплоть до Гуаякиля
everywhere along the Pacific slopes there were landslips
всюду вдоль склонов Тихого океана происходили оползни
and there was swift thawings and sudden floods
И были быстрые оттепели и внезапные наводнения
one whole side of the old Arauca crest slipped
одна сторона старого герба арауки соскользнула
it all came down in a thunderous moment
Все это обрушилось в один оглушительный момент
this cut off access to the Country of the Blind for ever
Это навсегда отрезало доступ в Страну Слепых
the exploring feet of men wondered that way no more
Испытующие ноги людей больше не задавались этим вопросом
But one of these early settlers happened to be close by
Но один из этих первых поселенцев оказался неподалеку
he was on the other side of the gorges that day
В тот день он был на другой стороне ущелья
the day that the world had so terribly shaken itself
День, когда мир так ужасно потряс сам себя
he had to forget his wife and his children
Ему пришлось забыть жену и детей
and he had to forget all his friends and possessions
И ему пришлось забыть обо всех своих друзьях и имуществе
and he had to start life over again
И ему пришлось начинать жизнь заново
a new life in the lower world

Новая жизнь в нижнем мире
but illness and blindness took hold of him
Но болезнь и слепота овладели им
and he died of punishment in the mines
и умер от наказания в шахтах
but the story he told begot a legend
Но история, которую он рассказал, породила легенду
a legend that lingers to this day
Легенда, которая сохранилась и по сей день
and it travels the length of Andes
и он путешествует по всей длине Анд
He told of his reason for venturing back from that fastness
Он рассказал о причине, по которой он отважился вернуться из этой крепости
the place into which he had been carried
место, куда его занесло
he had been taken to that place as a child
Его забрали в это место в детстве
lashed to a llama, beside a vast bale of gear
привязанный к ламе, рядом с огромным тюком снастей
He said the valley had all that the heart of man could desire
Он сказал, что в долине есть все, чего только может пожелать человеческое сердце
sweet water, pasture, an even climate
пресная вода, пастбище, ровный климат
slopes of rich brown soil and tangles of a shrub
склоны богатой бурой почвы и заросли кустарника
he spoke of bushes that bore an excellent fruit
Он говорил о кустах, которые приносили прекрасные плоды
on one side there were great hanging forests of pine

С одной стороны были большие висячие сосновые леса
the pine had held the avalanches high
Сосна высоко держала лавины
Far overhead, on three sides, there were vast cliffs
Далеко над головой, с трех сторон, виднелись огромные скалы
they were of a grey-green rock
Они были из серо-зеленой скалы
and at the top there were caps of ice
А наверху были ледяные шапки
but the glacier stream came not to them
Но ледниковый поток не дошел до них
it flowed away by the farther slopes
Она утекала по дальним склонам
and only now and then huge ice masses fell
И только изредка падали огромные ледяные массы
In this valley it neither rained nor snowed
В этой долине не было ни дождя, ни снега
but the abundant springs gave a rich green pasture
Зато обильные родники давали богатое зеленое пастбище
their irrigation spread over all the valley space
Их орошение распространилось по всему пространству долины
The settlers there did well indeed
Тамошние поселенцы действительно преуспели
Their beasts did well and multiplied
Их звери хорошо себя чувствовали и размножались
only one thing marred their happiness
Только одно омрачало их счастье
And it was enough to mar their happiness greatly
И этого было достаточно, чтобы сильно омрачить их счастье

A strange disease had come upon them
Странная болезнь постигла их
it made all their children blind
Из-за этого все их дети ослепли
He was sent to find some charm or antidote
Его послали найти какое-нибудь заклинание или противоядие
a cure against this plague of blindness
Лекарство от этой чумы слепоты
so he returned down the gorge
И он вернулся вниз по ущелью
but not without fatigue, danger, and difficulty
Но не без усталости, опасности и трудностей
In those days men did not think of germs
В те времена люди не думали о микробах
sin explained why this had happened
Грех объяснил, почему это произошло
this is what he thought too
Он тоже так думал
there was a cause for this affliction
У этого недуга была причина
the immigrants had been without a priest
Иммигранты остались без священника
they had failed to set up a shrine
Им не удалось воздвигнуть святилище
this should have been the first thing they did
Это должно было быть первое, что они должны были сделать
He wanted to build a shrine
Он хотел построить святилище
a handsome, cheap, effectual shrine
красивая, дешевая, эффектная святыня
he wanted it to be erected in the valley
Он хотел, чтобы он был воздвигнут в долине

he wanted relics and such-like
Ему нужны были мощи и тому подобное
he wanted potent things of faith
Ему нужны были сильные вещи веры
he wanted blessed objects and mysterious medals
Ему нужны были благословенные предметы и таинственные медали
and he felt they needed prayers
И он чувствовал, что они нуждаются в молитвах
In his wallet he had a bar of silver
В бумажнике у него был слиток серебра
but he would not say from where it was
Но он не сказал, откуда это было
he insisted there was no silver in the valley
Он настаивал на том, что в долине нет серебра
and he had the insistence of an inexpert liar
И у него была настойчивость неопытного лжеца
They had collected their money and ornaments
Они собрали свои деньги и украшения
he said they had little need for such treasure
Он сказал, что они не нуждаются в таком сокровище
he told them he would buy them holy help
Он сказал им, что купит им святую помощь
even though this was against their will
Несмотря на то, что это было против их воли
he was sunburnt, gaunt, and anxious
Он был загорел, измождён и встревожен
he was unused to the ways of the lower world
Он не привык к путям нижнего мира
clutching his hat feverishly he told his story
Лихорадочно сжимая шляпу, он рассказывал свою историю
he told his story to some keen-eyed priest
Он рассказал свою историю какому-то

проницательному священнику
he secured some holy remedies
Он раздобыл несколько святых лекарств
blessed water, statues, crosses and prayer books
Освященная вода, статуи, кресты и молитвенники
and he sought to return and save his people
Он стремился вернуться и спасти свой народ
he came to the where the gorge had been
Он подошел к тому месту, где было ущелье
but in front of him was a mass of fallen stone
Но перед ним была груда упавшего камня
imagine his infinite dismay
Представьте себе его бесконечное смятение
he had been expelled by nature from his land
Он был изгнан природой со своей земли
But the rest of his story of mischances is lost
Но остальная часть его истории неудач теряется
all we know of is his evil death after several years
Все, что мы знаем, это его зловещая смерть через несколько лет
a poor stray from that remoteness!
Бедняга, заблудившийся из этой отдаленности!
The stream that had once made the gorge diverted
Ручей, который когда-то пронизывал ущелье, отклонился
now it bursts from the mouth of a rocky cave
Теперь он вырывается из устья скалистой пещеры
and the legend of his story took on its own life
И легенда его истории зажила своей жизнью
it developed into the legend one may still hear today
Это превратилось в легенду, которую можно услышать до сих пор
a race of blind men "somewhere over there"
Раса слепцов "где-то там"

the little population was now isolated
Маленькая популяция теперь была изолирована
the valley was forgotten by the outside world
Долина была забыта внешним миром
and their disease ran its course
И болезнь их пошла своим чередом
The old had to grope to find their way
Старикам приходилось идти наощупь, чтобы найти дорогу
the young could see a little, but dimly
Молодые могли видеть немного, но смутно
and the newborns never saw at all
а новорожденные вообще никогда не видели
But life was very easy in the valley
Но жизнь в долине была очень легкой
there were neither thorns nor briars
не было ни колючек, ни шиповника
there were no evil insects in the land
Злых насекомых на земле не было
and there were no dangerous beasts
и не было опасных зверей
a gentle breed of llamas grazed the valley
Нежная порода лам паслась в долине
those that could see had become purblind gradually
Те, кто мог видеть, постепенно ослепли
so their loss was scarcely noticed
Поэтому их потеря была почти незаметна
The elders guided the sightless youngsters
Старшие направляли незрячих юношей
and the young soon knew the whole valley marvellously
И вскоре молодые узнали всю долину в изумительном виде
even when the last sight died out, the race lived on

Даже когда последнее зрение исчезло, раса продолжала жить
There had been enough time to adapt
У нас было достаточно времени, чтобы адаптироваться
they learned the control of fire
Они научились управлять огнем
they carefully put it in stoves of stone
Они заботливо помещают его в каменные печи
at first they were a simple strain of people
Сначала это была простая группа людей
they had never had books or writing
У них никогда не было ни книг, ни письменности
and they were only slightly touched by Spanish civilisation
и они были лишь слегка затронуты испанской цивилизацией
although they had some of the Peruvian traditions and arts
хотя у них были некоторые перуанские традиции и искусства
and they kept some of those philosophies alive
И они сохранили некоторые из этих философий живыми
Generation followed generation
Поколение следовало за поколением
They forgot many things from the world
Они многое забыли из мира
but they also devised many new things
Но они также придумали много нового
the greater world they came from became mythical
Большой мир, из которого они пришли, стал мифическим
colours and details were uncertain

Цвета и детали были неясны
and reference to sight became a metaphor
и отсылка к зрению стала метафорой
In all things apart from sight they were strong and able
Во всем, кроме зрения, они были сильны и способны
occasionally one with an original mind was born to them
Иногда у них рождался человек с оригинальным умом
someone who could talk and persuade
Кто-то, кто мог говорить и убеждать
These passed away, leaving their effects
Они скончались, оставив свои следы
and the little community grew in numbers
И маленькая община росла численно
and their understanding of their world grew
и их понимание мира росло
and they settled social and economic problems that arose
И они решали социально-экономические проблемы, которые возникали
Generations followed more generations
Поколения следовали за новыми поколениями
fifteen generations had passed since that ancestor left
Пятнадцать поколений прошло с тех пор, как этот предок ушел
the ancestor who took the bar of silver
Предок, взявший слиток серебра
the ancestor who went to find God's aid
предка, который отправился на поиски Божьей помощи
the ancestor who never returned to the valley
Предок, который так и не вернулся в долину
but fifteen generations later a new man came

Но через пятнадцать поколений появился новый человек
a man from the outside world
Человек из внешнего мира
a man who happened to find the valley of the blind
Человек, которому довелось найти Долину Слепых
this is the story of that man
Вот история этого человека
He was a mountaineer from the country near Quito
Он был альпинистом из местности близ Кито
a man who had been down to the sea
Человек, который спустился к морю
a man who had seen the world
Человек, повидавший мир
a reader of books in an original way
читатель книг оригинальным способом
an acute and enterprising man
проницательный и предприимчивый человек
he had been taken on by a party of Englishmen
он был взят на себя отрядом англичан
they had come out to Ecuador to climb mountains
они приехали в Эквадор, чтобы взбираться на горы
he replaced one of their guides who had fallen ill
Он заменил одного из их проводников, который заболел
He had climbed many mountains of the world
Он взошел на многие горы мира
and then came the attempt at Mount Parascotopetl
а затем последовала попытка захвата горы Параскотопетль
this was the Matterhorn of the Andes
это был Маттерхорн в Андах
here he was lost to the outer world
Здесь он был потерян для внешнего мира

The story of that accident has been written a dozen times
История той аварии написана десяток раз
Pointer's narrative is the best account of events
Повествование Пойнтера — лучшее изложение событий
He tells about the small group of mountaineers
Он рассказывает о небольшой группе альпинистов
he describes their difficult and almost vertical way up
Он описывает их трудный и почти вертикальный путь наверх
to the very foot of the last and greatest precipice
до самого подножия последнего и величайшего обрыва
his account tells of how they built a night shelter
В его рассказе рассказывается о том, как они построили ночлег
amidst the snow upon a little shelf of rock
среди снега на небольшой каменной полке
he tells the story with a touch of real dramatic power
Он рассказывает историю с оттенком настоящей драматической силы
Nunez had gone from them in the night
Нуньес ушел от них ночью
They shouted, but there was no reply
Они кричали, но ответа не было
and for the rest of that night they slept no more
И остаток той ночи они больше не спали
As the morning broke they saw the traces of his fall
На рассвете они увидели следы его падения
It seems impossible he could have uttered a sound
Кажется невероятным, что он мог издать хоть звук
He had slipped eastward
Он соскользнул на восток

towards the unknown side of the mountain
в сторону неизведанной стороны горы
far below he had struck a steep slope of snow
Далеко внизу он наткнулся на крутой снежный склон
and he must have tumbled all the way down it
И он, должно быть, свалился вниз
in the midst of a snow avalanche
Посреди снежной лавины
His track went straight to the edge of a frightful precipice
Его след шел прямо к краю страшной пропасти
and beyond that everything was hidden
А кроме того, все было скрыто
Far below, and hazy with distance, they could see trees rising
Далеко внизу, в тумане, виднелись деревья, растущие
out of a narrow, shut-in valley
из узкой, замкнутой долины
the lost Country of the Blind
Затерянная Страна Слепых
But they did not know it was the Country of the Blind
Но они не знали, что это была Страна Слепых
they could not distinguish it from any other narrow valley
Они не могли отличить ее ни от какой другой узкой долины
Unnerved by this disaster, they abandoned their attempt
Встревоженные этой катастрофой, они отказались от своей попытки
and Pointer was called away to the war
и Пойнтер был призван на войну
later he did make another attempt at the mountain
Позже он предпринял еще одну попытку взобраться

на гору
To this day Parascotopetl lifts an unconquered crest
По сей день Параскотопетль поднимает непокоренный гребень
and Pointer's shelter crumbles unvisited, amidst the snows
и убежище Пойнтера рассыпается среди снегов, никем не посещаемое
And the man who fell survived...
И человек, который упал, выжил...
At the end of the slope he fell a thousand feet
В конце склона он упал с высоты тысячи футов
he came down in the midst of a cloud of snow
Он спустился посреди снежной тучи
he landed on a snow-slope even steeper than the one above
Он приземлился на снежный склон, еще более крутой, чем тот, что был выше
Down this slope he was whirled
Вниз по склону его понесло
the fall stunned him and he lost consciousness
Падение оглушило его, и он потерял сознание
but not a bone in his body was broken
Но ни одна кость в его теле не была сломана
finally, he fell down the gentler slopes
Наконец он упал вниз по пологим склонам
and at last he laid still
Наконец он замер
he was buried amidst a softening heap of the white snow
Он был похоронен среди размягчающейся кучи белого снега
the snow that had accompanied and saved him
снег, который сопровождал и спас его

He came to himself with a dim fancy that he was ill in bed
Он пришел в себя со смутным воображением, что он болен в постели
then he realized what had happened
Тогда он понял, что произошло
with a mountaineer's intelligence he worked himself loose
С умом альпиниста он действовал на свободе
from the snow he saw the stars
Из-под снега он увидел звезды
He rested flat upon his chest
Он лежал на груди
he wondered where he was
Он задавался вопросом, где он находится
and he wondered what had happened to him
И он задавался вопросом, что с ним случилось
He explored his limbs to check for damage
Он осмотрел свои конечности, чтобы проверить, нет ли повреждений
he discovered that several of his buttons were gone
Он обнаружил, что несколько его пуговиц исчезли
and his coat was turned over his head
и плащ его был накинут на голову
His knife had gone from his pocket
Нож выпал из кармана
and his hat was lost too
И шляпа у него тоже пропала
even though he had tied it under his chin
даже несмотря на то, что он завязал его под подбородком
He recalled that he had been looking for loose stones
Он вспомнил, что искал незакрепленные камни
he wanted to raise his part of the shelter wall

Он хотел поднять свою часть стены убежища
He realized he must have fallen
Он понял, что, должно быть, упал
and he looked up to see how far he had fallen
И он поднял голову, чтобы посмотреть, как низко он упал
the cliff was exaggerated by the ghastly light of the rising moon
Скала была преувеличена жутким светом восходящей луны
the fall he had taken was tremendous
Падение, которое он совершил, было ужасным
For a while he lay without moving
Некоторое время он лежал, не двигаясь
he gazed blankly at the vast, pale cliff
Он безучастно смотрел на огромный бледный утес
the mountain towered above him
Гора возвышалась над ним
each moment it looked like it kept rising
С каждым мгновением казалось, что он продолжает расти
rising out of a subsiding tide of darkness
Поднимаясь из утихающей волны тьмы
Its phantasmal, mysterious beauty held him
Его призрачная, таинственная красота удерживала его
and then he was seized with sobbing laughter
И тут его охватил рыдающий смех
After a great interval of time he became more aware
По прошествии большого промежутка времени он стал более осознанным
he was laying near the lower edge of the snow
Он лежал у нижнего края снега
Below him the slope looked less steep

Под ним склон казался менее крутым
he saw the dark and broken appearance of rock-strewn turf
Он увидел темный и разбитый вид усыпанного камнями дерна
He struggled to his feet, aching in every joint
Он с трудом поднялся на ноги, болея во всех суставах
he got down painfully from the heaped loose snow
Он с трудом слез с нагроможденного рыхлого снега
and he went downward until he was on the turf
И он спустился вниз, пока не очутился на траве
there he dropped beside a boulder
Там он упал рядом с валуном
he drank from the flask in his inner pocket
Он пил из фляжки, лежавшей во внутреннем кармане
and he instantly fell asleep
И он мгновенно уснул
He was awakened by the singing of birds
Его разбудило пение птиц
they were in the trees far below
Они были на деревьях далеко внизу
He sat up and perceived he was on a little alp
Он сел и понял, что находится на маленьком альпе
at the foot of a vast precipice
у подножия огромной пропасти
a precipice that sloped only a little in the gully
обрыв, который лишь немного наклонялся в овраге
the path down which he and his snow had come
тропинка, по которой он и его снег пришли
against him another wall of rock reared itself against the sky
Против него вздымалась другая каменная стена, упираясь в небо

The gorge between these precipices ran east and west
Ущелье между этими обрывами тянулось с востока на запад
and it was full of the morning sunlight
и он был полон утреннего солнечного света
the sunlight lit the westward mass of fallen mountain
Солнечный свет осветил западную массу Павшей горы
he could see it closed the descending gorge
Он видел, как она закрывает нисходящее ущелье
Below there was a precipice equally steep
Внизу был такой же крутой обрыв
behind the snow in the gully he found a sort of chimney-cleft
За снегом в овраге он обнаружил что-то вроде расщелины дымохода
it was dripping with snow-water
С него капала снеговая вода
a desperate man might be able to venture it
Отчаявшийся человек мог бы отважиться на это
He found it easier than it seemed
Ему было легче, чем казалось
and at last he came to another desolate alp
Наконец он подошел к другому пустынному Альпу
there was a rock climb of no particular difficulty
Скалолазание не представляло особой трудности
and he reached a steep slope of trees
И он дошел до крутого склона, заросшего деревьями
from here he was able to get his bearings
Отсюда он смог сориентироваться
he turned his face up the gorge
Он повернулся лицом вверх по ущелью
he saw it opened into green meadows
Он увидел, как она распахнулась на зеленые луга

there he saw quite distinctly the glimmer of some stone huts
Там он отчетливо увидел мерцание каких-то каменных хижин
although the huts looked very strange
хотя хижины выглядели очень странно
even from a distance they didn't look like normal huts
Даже издалека они не были похожи на обычные хижины
At times his progress was like clambering along the face of a wall
Временами его продвижение было похоже на карабканье по стене
and after a time the rising sun ceased to strike along the gorge
И через некоторое время восходящее солнце перестало бить по ущелью
the voices of the singing birds died away
Голоса певчих птиц затихли
and the air grew cold and dark
И воздух стал холодным и темным
But the distant valley with its houses got brighter
Но дальняя долина с ее домами стала светлее
He came to the edge of another cliff
Он подошел к краю очередного обрыва
he was an observant man
Он был наблюдательным человеком
among the rocks he noted an unfamiliar fern
Среди камней он заметил незнакомый папоротник
it seemed to clutch out of the crevices with intense green hands
Казалось, он вылезает из щелей интенсивными зелеными руками
He picked some of these new plants

Он собрал некоторые из этих новых растений
and he gnawed their stalks
и он обгрыз их стебли
they gave him strength and energy
Они придавали ему сил и энергии
About midday he came out of the throat of the gorge
Около полудня он вышел из горла ущелья
and he came into the plain of the valley
И вышел он на равнину долины
here he was in the sunlight again
Вот он снова на солнце
He was stiff and weary
Он был окоченевшим и усталым
he sat down in the shadow of a rock
Он сел в тени скалы
he filled up his flask with water from a spring
Он наполнил свою флягу водой из источника
and he drank the spring water
И он выпил родниковой воды
he remained where he was for some time
Какое-то время он оставался там, где был
before going to the houses he had decided to rest
Перед тем, как отправиться в гости, он решил отдохнуть
They were very strange to his eyes
Они казались ему очень странными
the more he looked around, the stranger the valley seemed
Чем больше он оглядывался по сторонам, тем более странной казалась долина
The greater part of its surface was lush green meadow
Большую часть его поверхности составляли пышные зеленые луга
it was starred with many beautiful flowers

Он был украшен множеством красивых цветов
extraordinary care had been taken for the irrigation
Особое внимание уделялось орошению
and there was evidence of systematic cropping
и были доказательства систематического земледелия
High up around the valley was a wall
Высоко вокруг долины была стена
there also appeared to be a circumferential water channel
Кроме того, по-видимому, существовал кольцевой водный канал
the little trickles of water fed the meadow plants
Маленькие струйки воды питали луговые растения
on the higher slopes above this were flocks of llamas
На более высоких склонах над ним стояли стаи лам
they cropped the scanty herbage
Подстригали скудную траву
there were some shelters for the llamas
Там было несколько приютов для лам
they had been built against the boundary wall
Они были построены у пограничной стены
The irrigation streams ran together into a main channel
Ирригационные потоки сливались в основное русло
these ran down the centre of the valley
Они проходили по центру долины
and this was enclosed on either side by a wall chest high
С обеих сторон он был огорожен стеной высотой по грудь
This gave an urban quality to this secluded place
Это придавало урбанистический характер этому уединенному месту
a number of paths were paved with black and white stones

Ряд дорожек был вымощен черным и белым камнем
and the paths had a strange kerb at the side
А по бокам тропинок был странный бордюр
this made it seem even more urban
Из-за этого он казался еще более урбанистичным
The houses of the central village were not randomly arranged
Дома в центральной деревне не были расположены беспорядочно
they stood in a continuous row
Они стояли в непрерывном ряду
and they were on both sides of the central street
И они были по обеим сторонам центральной улицы
here and there the odd walls were pierced by a door
То тут, то там в странных стенах прорезалась дверь
but there was not a single window to be seen
Но не было видно ни одного окна
They were coloured with extraordinary irregularity
Они были окрашены с необычайной неравномерностью
they had been smeared with a sort of plaster
Они были измазаны чем-то вроде гипса
sometimes it was grey, sometimes drab
Иногда он был серым, иногда серым
sometimes it was slate-coloured
Иногда он был грифельного цвета
at other times it was dark brown
В другое время он был темно-коричневым
it was the wild plastering that first elicited the word blind
Именно дикая штукатурка впервые вызвала слово «слепой»
"whoever did this must have been as blind as a bat"
«Тот, кто это сделал, должен был быть слеп, как

летучая мышь»

but also notable was their astonishing cleanness
но также примечательной была их удивительная чистота
He descended down a steep place
Он спустился вниз по крутому склону
and so he came to the wall
И вот он подошел к стене
this wall led the water around the valley
Эта стена вела воду по долине
and it ended near the bottom of the village
И закончилась она у подножия деревни
He could now see a number of men and women
Теперь он мог видеть множество мужчин и женщин
they were resting on piled heaps of grass
Они отдыхали на кучах травы
they seemed to be taking a siesta
Похоже, они устроили сиесту
in the remoter part there were a number of children
В более отдаленной части было много детей
and then, nearer to him, there were three men
А чуть ближе к нему стояли трое мужчин
they were carrying pails along a little path
Они несли ведра по маленькой тропинке
the paths ran from the wall towards the houses
Тропинки шли от стены к домам
The men were clad in garments of llama cloth
Мужчины были одеты в одежды из ткани ламы
and their boots and belts were of leather
сапоги и пояса их были кожаные
and they wore caps of cloth
Они носили суконные шапки
They followed one another in single file
Они следовали друг за другом в одну шеренгу

they yawned as they slowly walked
Они зевали, медленно идя
like men who have been up all night
как люди, которые не спали всю ночь
Their movement seemed prosperous and respectable
Их движение казалось процветающим и респектабельным
Nunez only hesitated for a moment
Нуньес лишь на мгновение заколебался
and then he came out from behind his rock
А потом он вышел из-за своей скалы
he gave vent to a mighty shout
Он издал могучий крик
and his voice echoed round the valley
И голос его эхом разнесся по долине
The three men stopped and moved their heads
Трое мужчин остановились и покачали головами
They seemed to be looking around
Казалось, они оглядывались по сторонам
They turned their faces this way and that way
Они поворачивали лица то туда, то сюда
and Nunez gesticulated wildly
и Нуньес дико жестикулировал
But they did not appear to see him
Но они, казалось, не видели его
despite all his waving and gestures
несмотря на все его махания руками и жесты
eventually they stood themselves towards the mountains
В конце концов они сами встали в сторону гор
these were far away to the right
Они были далеко справа
and they shouted as if they were answering
И они кричали, как будто отвечали

Nunez bawled again, and he gestured ineffectually
Нуньес снова закричал и безрезультатно жестикулировал
"The fools must be blind," he said
— Глупцы, должно быть, слепы, — сказал он
all the shouting and waving didn't help
Все эти крики и махания руками не помогали
so Nunez crossed the stream by a little bridge
Нуньес переправился через ручей по небольшому мостику
he came through a gate in the wall
Он вошел через ворота в стене
and he approached them directly
И он подошел к ним прямо
he was sure that they were blind
Он был уверен, что они слепы
he was sure that this was the Country of the Blind
он был уверен, что это Страна Слепых
the country of which the legends told
Страна, о которой рассказывали легенды
he had a sense of great adventure
У него было предчувствие большого приключения
The three stood side by side
Все трое стояли бок о бок
but they did not look at him
Но они не смотрели на него
however, their ears were directed towards him
Однако их уши были обращены к нему
they judged him by his unfamiliar steps
Они судили о нем по его незнакомым шагам
They stood close together, like men a little afraid
Они стояли близко друг к другу, как люди, немного напуганные
and he could see their eyelids were closed and sunken

И он видел, что их веки сомкнуты и запавшие.
as though the very balls beneath had shrunk away
Как будто самые шары внизу уменьшились
There was an expression near awe on their faces
На их лицах было выражение, близкое к благоговению
"A man," one said to the others
— Мужчина, — сказал один из них остальным
Nunez hardly recognized the Spanish
Нуньес с трудом узнал испанцев
"A man it is. Or it a spirit"
— Это человек. Или это дух»
"he come down from the rocks"
«Он сошел со скал»
Nunez advanced with the confident steps
Нуньес уверенными шагами продвигался вперед
like a youth who enters upon life
Как юноша, вступающий в жизнь
All the old stories of the lost valley
Все старые истории затерянной долины
all the stories of the Country of the Blind
все истории Страны слепых
it all come back to his mind
Все это всплыло у него в голове
and through his thoughts ran an old proverb
И в его мыслях пронеслась старая пословица
"In the Country of the Blind..."
«В стране слепых...»
"...the One-Eyed Man is King"
"... Одноглазый — король»
"In the Country of the Blind the One-Eyed Man is King"
«В стране слепых Одноглазый — король»
very civilly he gave them greeting

Он очень вежливо поздоровался с ними
He talked to them and used his eyes
Он разговаривал с ними и использовал свои глаза
"Where does he come from, brother Pedro?" asked one
«Откуда он, брат Педро?» — спросил один из них
"from out of the rocks"
«Из-за скал»
"I come from over the mountains," said Nunez
— Я приехал из-за гор, — сказал Нуньес
"I'm from the country where where men can see"
«Я из страны, где мужчины могут видеть»
"I'm from a place near Bogota"
«Я из местечка недалеко от Боготы»
"there there are hundreds of thousands of people"
"там сотни тысяч людей"
"the city is so big it goes over the horizon"
«Город такой большой, что уходит за горизонт»
"Sight?" muttered Pedro
"Зрение?" - пробормотал Педро
"He comes out of the rocks," said the second blind man
— Он выходит из скал, — сказал второй слепой
The cloth of their coats was curiously fashioned
Ткань их сюртуков была причудливо скроена
each patch was of a different sort of stitching
Каждая нашивка была сшита по-разному
They startled him by a simultaneous movement towards him
Они испугали его одновременным движением в сторону
each of them had his hand outstretched
У каждого из них была протянута рука
He stepped back from the advance of these spread fingers
Он отступил назад от этих растопыренных пальцев

"Come hither," said the third blind man
— Иди сюда, — сказал третий слепой
and he followed Nunez' motion
и он последовал за Ньюьесом
he quickly had hold of him
Он быстро схватил его
they held Nunez and felt him over
они держали Ньюьеса и ощупывали его
they said no word further until they were done
Они больше не говорили ни слова, пока не закончили
"Careful!" he exclaimed, with a finger in his eye
«Осторожно!» — воскликнул он, заткнув пальцем глаз
they had found a strange organ on him
У него нашли странный орган
"it has fluttering skin"
«У него трепещет кожа»
"it is very strange indeed"
«Это действительно очень странно»
They went over it again
Они прошлись по нему еще раз
"A strange creature, Correa," said the one called Pedro
— Странное существо, Корреа, — сказал тот, кого звали Педро
"Feel the coarseness of his hair"
«Почувствуй жесткость его волос»
"it's like a llama's hair"
«Это как волосы ламы»
"Rough he is as the rocks that begot him," said Correa
«Он груб, как скалы, которые его породили», — сказал Корреа
and he investigated Nunez's unshaven chin
и он исследовал небритый подбородок Ньюьеса

his hands were soft and slightly moist
Его руки были мягкими и слегка влажными
"Perhaps he will grow finer"
«Может быть, он станет лучше»
Nunez tried to free himself from their examination
Нуньес попытался освободиться от их допроса
but they had a firm grip on him
Но они крепко держали его в своих руках
"Careful," he said again "he speaks"
— Осторожнее, — сказал он снова, — он говорит.
"we can be sure that he is a man"
«Мы можем быть уверены, что он мужчина»
"Ugh!" said Pedro, at the roughness of his coat
"Тьфу!" - сказал Педро, глядя на грубость своего пальто
"And you have come into the world?" asked Pedro
"И ты появился на свет?" - спросил Педро
"I come from the world out there"
«Я пришел из загробного мира»
"I come from over mountains and glaciers"
«Я родом из-за гор и ледников»
"it is half-way to the sun"
«Это на полпути к солнцу»
"Out of the great, big world that goes down"
«Из огромного, большого мира, который рушится»
"twelve days' journey to the sea"
«Двенадцать дней пути к морю»
They scarcely seemed to heed him
Казалось, они почти не обращали на него внимания
"Our fathers have told us of such things"
«Отцы наши говорили нам о таких вещах»
"men may be made by the forces of Nature," said Correa
«Люди могут быть созданы силами природы», —

сказал Корреа

"Let us lead him to the elders," said Pedro

— Давай отведем его к старейшинам, — сказал Педро

"Shout first," said Correa

— Сначала покричи, — сказал Корреа

"the children might be afraid"

«Дети могут испугаться»

"This is a marvellous occasion"

«Это чудесное событие»

So they shouted to the others

Вот они и кричали остальным

Pedro took Nunez by the hand

Педро взял Нуньеса за руку

and he lead him to the houses

И повел его по домам

He drew his hand away

Он отдернул руку

"I can see," he said

— Вижу, — сказал он

"to see?" said Correa

"Посмотреть?" - спросил Корреа

"Yes, I can see with my eyes," said Nunez

— Да, я вижу глазами, — сказал Нуньес

and he turned towards him

И он повернулся к нему

but he stumbled against Pedro's pail

но он споткнулся о ведро Педро

"His senses are still imperfect," said the third blind man

— Его чувства еще несовершенны, — сказал третий слепой

"He stumbles, and talks unmeaning words"

«Он спотыкается и говорит бессмысленные слова»

"Lead him by the hand"
«Веди его за руку»
"As you will" said Nunez
— Как хочешь, — ответил Нуньес
and he was led along
И его повели за собой
but he had to laugh at the situation
Но ему пришлось посмеяться над ситуацией
it seemed they knew nothing of sight
Казалось, они ничего не знали о зрении
"I will teach them soon enough," he thought to himself
«Я скоро их научу», — подумал он про себя
He heard people shouting
Он слышал, как люди кричали
and he saw a number of figures gathering together
И он увидел несколько фигур, собравшихся вместе
he saw them in the middle roadway of the village
Он видел их на средней дороге деревни
all of it taxed his nerve and patience
Все это истощало его нервы и терпение
there were more than he had anticipated
Их оказалось больше, чем он ожидал
this was the first encounter with the population
Это была первая встреча с населением
the people from the Country of the Blind
люди из Страны Слепых
The place seemed larger as he drew near to it
По мере того, как он приближался к нему, это место казалось больше
and the smeared plasterings became even queerer
А размазанные штукатурки стали еще страннее
a crowd of children and men and women came around him
Вокруг него собралась толпа детей, мужчин и

женщин
they all tried to hold on to him
Все они пытались удержать его
they touched him with their soft and sensitive hands
Они дотронулись до него своими мягкими и чуткими руками
not surprisingly, they smelled at him too
Неудивительно, что они тоже учуяли его
and they listened at every word he spoke
И они прислушивались к каждому его слову
some of the women and girls had quite sweet faces
У некоторых женщин и девушек были довольно милые лица
even though their eyes were shut and sunken
даже если их глаза были закрыты и запавшие,
he thought this would make his stay more pleasant
Он думал, что это сделает его пребывание более приятным
However, some of the maidens and children kept aloof
Однако некоторые девушки и дети держались в стороне
they seemed to be afraid of him
Казалось, они боялись его
his voice seemed coarse and rude beside their softer notes
Его голос казался грубым и грубым по сравнению с их более мягкими нотами
it is reasonable to say the crowd mobbed him
Разумно сказать, что толпа окружила его
but his three guides kept close to him
Но три его наставника держались рядом с ним
they had taken some pride and ownership in him
Они испытывали к нему некоторую гордость и чувство собственного достоинства

again and again they said, "A wild man out of the rocks"

Снова и снова они говорили: "Дикий человек из скал"

"Bogota," he said, "Over the mountain crests"

— Богота, — сказал он, — По горным гребням.

"A wild man using wild words," said Pedro

— Дикий человек, использующий дикие слова, — сказал Педро

"Did you hear that, Bogota?"

— Ты слышала, Богота?

"His mind has hardly formed yet"

«Его разум еще не сформировался»

"He has only the beginnings of speech"

«У него только зачатки речи»

A little boy nipped his hand

Маленький мальчик укусил его за руку

"Bogota!" he said mockingly

«Богота!» — насмешливо сказал он

"Aye! A city to your village"

— Ага! Город в твою деревню»

"I come from the great world"

«Я пришел из большого мира»

"the world where men have eyes and see"

«Мир, в котором люди имеют глаза и видят»

"His name's Bogota," they said

«Его зовут Богота», — сказали они

"He stumbled," said Correa

— Он споткнулся, — сказал Корреа

"he stumbled twice as we came hither"

«Он дважды споткнулся, когда мы пришли сюда»

"bring him in to the elders"

«Приведите его к старейшинам»

And they thrust him through a doorway

И они вытолкнули его в дверной проем

he found himself in a room as black as pitch
Он очутился в комнате, темной, как смоль,
but slowly his eyes adjusted to the darkness
Но постепенно его глаза привыкли к темноте
at the far end a fire faintly glowed
В дальнем конце слабо тлел огонь
The crowd closed in behind him
Толпа сомкнулась позади него
and they shut out any light that could have come from outside
И они закрыли любой свет, который мог бы исходить извне
before he could stop himself he had fallen
Прежде чем он успел остановиться, он упал
he fell right into the lap of a seated man
Он упал прямо на колени сидящему человеку
and his arm struck the face of someone else
и его рука ударила по лицу кого-то другого
he felt the soft impact of features
Он чувствовал мягкое воздействие черт
and he heard a cry of anger
И услышал он вопль гнева
for a moment he struggled against a number of hands
Какое-то мгновение он боролся с несколькими руками
all of them were clutching him
Все они вцепились в него
but it was a one-sided fight
Но это была односторонняя борьба
An inkling of the situation came to him
До него дошло, что такое ситуация
and he decided to lay quiet
И он решил замолчать
"I fell down," he said

— Я упал, — сказал он
"I couldn't see in this pitchy darkness"
«Я ничего не видел в этой кромешной тьме»
There was a pause at what he had said
На его словах повисла пауза
he felt unseen persons trying to understand his words
Он чувствовал, что невидимые люди пытаются понять его слова
Then he heard the voice of Correa
Затем он услышал голос Коррea
"He is but newly formed"
«Он только что сформировался»
"He stumbles as he walks"
«Он спотыкается при ходьбе»
"and his speech mingles words that mean nothing"
«И в его речи смешались слова, которые ничего не значат»
Others also said things about him
О нем говорили и другие
they all confirmed they could not perfectly understand him
Все они подтвердили, что не могут до конца понять его
"May I sit up?" he asked during a pause
«Можно мне присесть?» — спросил он во время паузы
"I will not struggle against you again"
«Я больше не буду бороться с тобой»
the elders consulted, and let him rise
Старейшины посовещались и позволили ему встать
The voice of an older man began to question him
Голос пожилого мужчины начал сомневаться в нем
again, Nunez found himself trying to explain the world

И снова Нуньес обнаружил, что пытается объяснить мир
the great world out of which he had fallen
Великий мир, из которого он выпал
he told them of the sky and mountains
Он рассказал им о небе и горах
and he tried to convey other such marvels
И он пытался передать другие подобные чудеса
but the elders sat in darkness
а старцы сидели во тьме
and they did not know of the Country of the Blind
и они не знали о Стране Слепых
if only he could show these elders
Если бы только он мог показать этим старейшинам
but they believed and understood nothing
Но они ничего не верили и не понимали
whatever he told them created confusion
Все, что он им говорил, создавало замешательство
it was all quite outside his expectations
Все это превзошло все его ожидания
They did not understand many of his words
Они не понимали многих его слов
For generations these people had been blind
На протяжении многих поколений эти люди были слепы
and they had been cut off from all the seeing world
и они были отрезаны от всего видимого мира
the names for all the things of sight had faded and changed
Названия всех видимых вещей поблекли и изменились
the story of the outer world had become a story
История внешнего мира превратилась в историю
his world was just something people told their

children
Его мир был просто чем-то, что люди рассказывали своим детям
and they had ceased to concern themselves with it
и они перестали заботиться об этом
the only thing of interest was inside the rocky slopes
Единственное, что представляло интерес, было внутри скалистых склонов
they lived only in their circling wall
Они жили только в своей кружащейся стене
Blind men of genius had arisen among them
Среди них появились гениальные слепцы
they had questioned the old believes and traditions
Они поставили под сомнение старые обряды и традиции
and they had dismissed all these things as idle fancies
И они отвергли все это, как пустые фантазии
they replaced them with new and saner explanations
Они заменили их новыми, более разумными объяснениями
Much of their imagination had shrivelled with their eyes
Большая часть их воображения сморщилась вместе с глазами
their ears and finger-tips had gotten ever more sensitive
Их уши и кончики пальцев становились все более чувствительными
and with these they had made themselves new imaginations
И с их помощью они создали себе новое воображение
Slowly Nunez realised the situation he was in
Постепенно Нуньес осознал, в какой ситуации он

оказался
he could not expect any reverence for his origin
Он не мог ожидать какого-либо почтения к своему происхождению
his gifts were not as useful as he thought
Его дары оказались не такими полезными, как он думал
explaining sight was not going to be easy
Объяснить зрение было непросто
his attempts had been quite incoherent
Его попытки были совершенно бессвязными
he was deflated from his initial excitement
Он сдулся от своего первоначального волнения
and he subsided into listening to their instruction
И он принялся слушать их наставления
the eldest of the blind men explained to him life
Старший из слепых объяснил ему жизнь
he explained to him philosophy and religion
Он объяснил ему философию и религию
he described the origins of the world
Он описал происхождение мира
(by this of course he meant the valley)
(под этим, конечно, он имел в виду долину)
first it had been an empty hollow in the rocks
Сначала это была пустая впадина в скалах
first came inanimate things without the gift of touch
Сначала появились неодушевленные вещи, лишенные дара осязания
then came llamas and other creatures of little sense
Затем появились ламы и другие существа, лишенные разума
when all had been put in place, men came
Когда все было готово, пришли люди
and finally angels came to the world

И, наконец, в мир пришли ангелы
one could hear the angels singing and making fluttering sounds
Было слышно, как ангелы поют и издают трепещущие звуки
but it was impossible to touch them
Но прикоснуться к ним было невозможно
this explanation first puzzled Nunez greatly
это объяснение сначала сильно озадачило Нуньеса
but then he thought of the birds
Но тут он подумал о птицах
He went on to tell Nunez how time had been divided
Далее он рассказал Нуньесу о том, как было разделено время
there was the warm time and the cold time
Было теплое время и холодное время
of course these are the blind equivalents of day and night
Конечно, это слепые эквиваленты дня и ночи
he told how it was good to sleep in the warm
Он рассказал, как хорошо спать в тепле
he explained how it was better to work during the cold
Он объяснил, как лучше работать в холода
normally the whole town of the blind would now have been asleep
В обычном случае весь город слепых спал бы
but this special event kept them up
Но это особое событие удержало их
He said Nunez must have been specially created to learn
Он сказал, что Нуньес, должно быть, был специально создан для того, чтобы учиться
and he was there to serve the wisdom they had acquired

И он был там, чтобы служить мудрости, которую они приобрели

his mental incoherency was ignored, for the time being

Его умственная непоследовательность до поры до времени игнорировалась

and he was forgiven for his stumbling behaviour

и он был прощен за свое спотыкающееся поведение

he was told to have courage in this world

Ему было сказано иметь мужество в этом мире

and he was told to do his best to learn

И ему было велено сделать все возможное, чтобы учиться

all the people in the doorway murmured encouragingly

Все люди в дверях ободряюще перешептывались

He said the night was far gone

Он сказал, что ночь давно прошла.

(the blind call their day night)

(Слепые называют свой день ночью)

so he encouraged everyone to go back to sleep

Поэтому он призвал всех снова лечь спать

He asked Nunez if he knew how to sleep

Он спросил Нуньеса, умеет ли он спать

Nunez said he did know how to sleep

Нуньес сказал, что он знает, как спать

but that before sleep he wanted food

но что перед сном ему хотелось пищи

They brought him some of their food

Они принесли ему немного своей еды

llama's milk in a bowl and rough salted bread

Молоко ламы в миске и грубо соленый хлеб

and they led him into a lonely place

И повели его в уединенное место

so that he could eat out of their hearing

чтобы он ел так, чтобы они не слышали
afterwards he was allowed to slumber
После этого ему разрешили поспать
until the chill of the mountain evening roused them
пока прохлада горного вечера не разбудила их
and then they would begin their day again
А потом они начинали свой день снова
But Nunez slumbered not at all
Но Нуньес совсем не дремал
Instead, he sat up in the place where they had left him
Вместо этого он сел на то место, где его оставили
he rested his limbs, still sore from the fall
Он дал отдохнуть конечностям, все еще болевшим после падения
and he turned everything over and over in his mind
И он снова и снова прокручивал все в уме
the unanticipated circumstances of his arrival
Непредвиденные обстоятельства его прибытия
Every now and then he laughed
Время от времени он смеялся
sometimes with amusement, and sometimes with indignation
иногда с весельем, а иногда с негодованием
"Unformed mind!" he said, "Got no senses yet!"
«Несформированный ум!» — сказал он, — «У меня еще нет чувств!»
"little do they know what they're saying!"
— Они даже не подозревают, что говорят!
"they've been insulting their Heaven-sent King and master"
«они оскорбляют своего посланного Небесами Царя и Господина»
"I see I must bring them to reason"
«Я вижу, что должен образумить их»

"Let me think about this..."
«Дай мне подумать об этом...»
He was still thinking when the sun set
Он все еще думал, когда солнце село
Nunez had an eye for all beautiful things
У Нуньеса был глаз на все прекрасное
he saw the glow upon the snow-fields and glaciers
Он видел зарево на снежных полях и ледниках
on the mountains that rose about the valley on every side
на горах, которые возвышались вокруг долины со всех сторон
it was the most beautiful thing he had ever seen
Это было самое прекрасное, что он когда-либо видел
His eyes went over the inaccessible glory to the village
Его взгляд скользнул по недосягаемой славе деревни
he looked over irrigated fields sinking into the twilight
Он смотрел на орошаемые поля, погружающиеся в сумерки
suddenly a wave of emotion hit him
Внезапно на него нахлынула волна эмоций
he thanked God from the bottom of his heart
он от всего сердца благодарил Бога
"thank you for the power of sight you have given me"
«Спасибо за силу зрения, которую вы мне дали»
He heard a voice calling to him
Он услышал голос, зовущий его
it was coming from the village
Он шел из деревни
"ahoi-hoi, Bogota! Come hither!"
— Ахой-хой, Богота! Иди сюда!
At that he stood up, smiling
С этими словами он встал, улыбаясь

He would show these people once and for all!
Он покажет этим людям раз и навсегда!
"they will learn what sight can do for a man!"
«Они узнают, что зрение может сделать для человека!»
"I shall make them seek me"
«Я заставлю их искать Меня»
"but they shall not be able to find me"
"Но они не смогут найти Меня"
"You move not, Bogota," said the voice
— Не двигайся, Богота, — сказал голос
at this he laughed, without making a noise
Услышав это, он рассмеялся, не издавая ни звука
he made two stealthy steps from the path
Он сделал два незаметных шага в сторону от тропинки
"Trample not on the grass, Bogota"
«Не топчи траву, Богота»
"wondering off the path is not allowed"
"Отклоняться от тропы нельзя"
Nunez had scarcely heard the sound he made himself
Нуньес едва слышал звук, который издавал сам
He stopped where he was, amazed
Он остановился там, где был, пораженный
the owner of the voice came running up the path
Обладатель голоса прибежал вверх по тропинке
and he stepped back into the pathway
И он шагнул обратно на тропинку
"Here I am," he said
— Вот и я, — сказал он
the blind man was not impressed with Nunez's antics
На слепого не произвели впечатления выходки Нуньеса
"Why did you not come when I called you?"

— Почему ты не пришел, когда я тебя звал?
"Must you be led like a child?"
— Неужели тебя ведут, как ребенка?
"Cannot you hear the path as you walk?"
— Неужели ты не слышишь тропинку, когда идешь?
Nunez laughed at the ridiculous questions
Нуньес рассмеялся над нелепыми вопросами
"I can see it," he said
— Я вижу это, — сказал он
the blind man paused for a moment
Слепой на мгновение замолчал
"There is no such word as see"
«Нет такого слова, как видеть»
"Cease this folly and follow the sound of my feet"
«Прекрати это безумие и следуй за звуком моих ног»
Nunez followed the blind man, a little annoyed
Нуньес последовал за слепым, немного раздраженный
"My time will come," he said to himself
«Мое время придет», — сказал он себе
"You'll learn," the blind man answered
— Ты научишься, — ответил слепой
"There is much to learn in the world"
«В мире есть чему поучиться»
"Has no one told you?" asked Nunez
«Тебе никто не сказал?» — спросил Нуньес
"In the Country of the Blind the One-Eyed Man is King"
«В стране слепых Одноглазый — король»
"What is blind?" asked the blind man, over his shoulder
«Что такое слепой?» — спросил слепой через плечо
by now four days had passed
Прошло уже четыре дня

even on the fifth day nothing had changed
Даже на пятый день ничего не изменилось
the King of the Blind was still incognito
Король Слепых по-прежнему был инкогнито
he was still a clumsy and useless stranger among his subjects
Он по-прежнему был неуклюжим и бесполезным чужаком среди своих подданных
he found it all much more difficult than he thought
Все оказалось гораздо труднее, чем он думал
how could he proclaim himself king to these blind people??
Как он мог провозгласить себя царем для этих слепых?
he was left to meditated his coup d'etat
Ему оставалось только обдумывать свой государственный переворот
in the meantime he did what he was told
Тем временем он делал то, что ему было сказано
he learnt the manners and customs of the Country of the Blind
он узнал нравы и обычаи Страны Слепых
working at night he found particularly irksome
Работа по ночам казалась ему особенно утомительной
this was going to be the first thing he changed
Это было первое, что он изменил
They led a simple and laborious life
Они вели простую и трудолюбивую жизнь
but they had all the elements of virtue and happiness
Но у них были все элементы добродетели и счастья
They toiled, but not oppressively
Они трудились, но не угнетающе
they had food and clothing sufficient for their needs

У них было достаточно еды и одежды для удовлетворения их потребностей
they had days and seasons of rest
У них были дни и сезоны отдыха
they enjoyed music and singing
Они наслаждались музыкой и пением
there was love among them
Между ними была любовь
and there were little children
И были маленькие дети
It was marvellous to see their confidence and precision
Было удивительно видеть их уверенность и точность
they went about their ordered world efficiently
Они эффективно занимались своим упорядоченным миром
Everything had been made to fit their needs
Все было сделано в соответствии с их потребностями
each paths had a constant angle to the other
Каждый путь имел постоянный угол наклона к другому
each kerb was distinguished by a special notch
Каждый бордюр отличался особой насечкой
all obstacles and irregularities had been cleared away
Все препятствия и неровности были устранены
all their methods arose naturally from their special needs
Все их методы естественным образом проистекали из их особых потребностей
and their procedures made sense to their abilities
и их процедуры соответствовали их способностям
their senses had become marvellously acute
Их чувства стали удивительно острыми
they could hear and judge the slightest gesture
Они могли услышать и оценить малейший жест

even if the man was a dozen paces away
Даже если человек был в десятке шагов от него
they could hear the very beating of his heart
Они слышали биение его сердца
Intonation and touch had long replaced expression and gesture
Интонация и прикосновение давно заменили выражение и жест
they were handy with the hoe and spade
Они умели обращаться с мотыгой и лопатой
and they moved as free and confident as any gardener
И двигались они так же свободно и уверенно, как любой садовник
Their sense of smell was extraordinarily fine
Их обоняние было необычайно тонким
they could distinguish individual differences as quickly as a dog can
Они могли различать индивидуальные различия так же быстро, как собака
and they went about the tending of llamas with ease and confidence
И они спокойно и уверенно ухаживали за ламами
a day came Nunez sought to assert himself
Настал день, когда Нуньес попытался заявить о себе
but he quickly realized his underestimation
Но он быстро понял свою недооценку
and he learned how confident their movements could be
И он узнал, насколько уверенными могут быть их движения
he rebelled only after he had tried persuasion
Он взбунтовался только после того, как попробовал убедить
on several occasions he had tried to tell them of sight

Несколько раз он пытался рассказать им о зрении
"Look you here, you people," he said
— Смотрите, люди, — сказал он
"There are things you people do not understand in me"
«Есть вещи, которые вы, люди, не понимаете во мне»
Once or twice one or two of them listened to him
Раз или два один или два из них слушали его
they sat with their faces downcast
Они сидели с опущенными лицами
their ears were turned intelligently towards him
Их уши были разумно обращены к нему
and he did his best to tell them what it was to see
И он изо всех сил старался рассказать им, что это значит видеть
Among his hearers was a girl
Среди его слушателей была девушка
her eyelids were less red and sunken
Ее веки стали менее красными и запавшими
one could almost imagine she was hiding eyes
Можно было подумать, что она прячет глаза
he especially hoped to persuade her
Он особенно надеялся убедить ее
He spoke of the beauties of sight
Он говорил о красоте зрения
he spoke of watching the mountains
Он говорил о наблюдении за горами
he told them of the sky and the sunrise
Он рассказал им о небе и восходе солнца
and they heard him with amused incredulity
И они слушали его с забавным недоверием
but that eventually became condemnatory
Но в конце концов это стало осуждающим
They told him there were no mountains at all
Они сказали ему, что гор вообще нет

they told him only the llamas go to the rocks
Они сказали ему, что только ламы ходят на скалы
they graze their grass there at the edge
они пасут свою траву там на краю
and that is the end of the world
И это конец света
from there the roof rises over the universe
Оттуда крыша поднимается над вселенной
only the dew and the avalanches fell from there
только роса и лавины оттуда падали
he maintained stoutly the world had neither end nor roof
Он твердо утверждал, что у мира нет ни конца, ни крыши
everything they thought about the world was wrong, he told them
Все, что они думали о мире, было неправильным, сказал он им
but they said his thoughts were wicked
Но они сказали, что его помыслы были злыми
his descriptions of sky and clouds and stars were hideous to them
Его описания неба, облаков и звезд казались им отвратительными
a terrible blankness in the place of the smooth roof of the world
жуткая пустота на месте гладкой крыши мира
it was an article of faith with them
Для них это был Символ веры
they believed the cavern roof was exquisitely smooth to the touch
Они считали, что крыша пещеры была изысканно гладкой на ощупь
he saw that in some manner he shocked them

Он видел, что каким-то образом шокировал их
and he gave up that aspect of the matter altogether
И он совсем отказался от этой стороны вопроса
instead, he tried to show them the practical value of sight
Вместо этого он попытался показать им практическую ценность зрения
One morning he saw Pedro on path Seventeen
Однажды утром он увидел Педро на семнадцатой тропе
he was coming towards the central houses
Он приближался к центральным домам
but he was still too far away for hearing or scent
Но он все еще был слишком далеко, чтобы слышать или чувствовать запах
"In a little while," he prophesied, "Pedro will be here"
«Через некоторое время, — пророчил он, — Педро будет здесь».
An old man remarked that Pedro had no business on path Seventeen
Старик заметил, что Педро нечего делать на Семнадцатом пути
and then, as if in confirmation, Pedro changed paths
а затем, как бы в подтверждение, Педро сменил путь
with nimble paces he went towards the outer wall
Проворными шагами он направился к внешней стене
They mocked Nunez when Pedro did not arrive
Они издевались над Нуньесом, когда Педро не приехал
he tried to clear his character by asking Pedro
он попытался прояснить свою репутацию, спросив Педро
but Pedro denied the allegations
но Педро отверг обвинения

and afterwards he was hostile to him
и после этого он был враждебен к нему
Then he convinced them to let him go
Затем он убедил их отпустить его
"let me go up the sloping meadows to the wall"
«Позволь мне подняться по пологим лугам к стене»
"let me take with me one willing individual"
«Позволь мне взять с собой одного желающего»
"I will describe all that is happening among the houses"
«Я опишу все, что происходит между домами»
He noted certain goings and comings
Он отметил определенные приходы и приходы
but these things were not important to these people
Но эти вещи не были важны для этих людей
they cared for what happened inside the windowless houses
Им было небезразлично, что происходило в домах без окон
of those things he could neither see, nor tell
Он не мог ни увидеть, ни рассказать
his attempt had failed again
Его попытка снова провалилась
they could not repress their ridicule
Они не могли подавить свои насмешки
and finally Nunez resorted to force
и, наконец, Нуньес прибег к силе
He thought of seizing a spade
Он думал схватить лопату
he could smite one or two of them to earth
Он мог повалить одного или двух из них на землю
in fair combat he could show the advantage of eyes
В честном бою он мог показать преимущество глаз
He went so far with that resolution as to seize his

spade
С этой решимостью он зашел так далеко, что схватился за лопату
but then he discovered a new thing about himself
Но потом он открыл для себя что-то новое
it was impossible for him to hit a blind man in cold blood
Он не мог хладнокровно ударить слепого
holding the spade, he hesitated for a moment
Держа лопату, он на мгновение заколебался
all of them had become aware that he had snatched up the spade
Все они поняли, что он схватил лопату
They stood alert, with their heads on one side
Они стояли настороже, склонив головы набок
they cautiously bent their ears towards him
Они осторожно прислушались к нему
and they waited for what he would do next
И они ждали, что он сделает дальше
"Put that spade down," said one
— Положи лопату, — сказал один из них
and he felt a sort of helpless horror
И он почувствовал какой-то беспомощный ужас
he could not come to their obedience
Он не мог прийти к их послушанию
he thrust one backwards against a house wall
Он толкнул одного из них спиной к стене дома
and he fled past him, and out of the village
Он побежал мимо него и выбежал из селения
he went over one of their meadows
Он прошел через один из их лугов
but of course he trampled grass behind him
Но, конечно, он топтал за собой траву
he sat down by the side of one of their ways

Он сел рядом с одной из их дорог
he felt something of the buoyancy in him
Он почувствовал в себе что-то от плавучести
all men feel it in the beginning of a fight
Все мужчины чувствуют это в начале ссоры
but he felt more perplexity than anything
Но он чувствовал больше всего на свете растерянность
he began to realise something else about himself
Он начал понимать о себе кое-что еще
you cannot fight happily with creatures of a different mental basis
Вы не можете счастливо сражаться с существами с другой ментальной базой
Far away he saw a number of men carrying spades and sticks
Вдалеке он увидел несколько человек с лопатами и палками
they were coming out of the streets and houses
Они выходили с улиц и домов
together they made a line across the paths
Вместе они выстроились в линию поперек тропинок
and they line was coming towards him
И они шли к нему
They advanced slowly, speaking frequently to one another
Они продвигались медленно, часто разговаривая друг с другом
again and again they stopped and sniff the air
Снова и снова они останавливались и нюхали воздух
The first time they did this Nunez laughed
В первый раз, когда они это сделали, Нуньес рассмеялся
But afterwards he did not laugh

Но потом он не смеялся
One found his trail in the meadow grass
Один из них нашел свой след в луговой траве
he came stooping and feeling his way along it
Он подошел, нагнувшись и нащупывая дорогу
For five minutes he watched the slow extension of the line
В течение пяти минут он наблюдал за медленным расширением очереди
his vague disposition to do something forthwith became frantic
Его смутное желание немедленно что-то сделать превратилось в неистовое
He stood up and paced towards the wall
Он встал и зашагал к стене
he turned, and went back a little way
Он повернулся и отошел немного назад
they all stood in a crescent, still and listening
Все они стояли в полумесяце, неподвижно и прислушиваясь
He also stood still, gripping his spade
Он тоже стоял неподвижно, сжимая лопату
Should he attack them?
Должен ли он напасть на них?
The pulse in his ears ran into a rhythm:
Пульс в ушах забился в ритм:
"In the Country of the Blind the One-Eyed Man is King"
«В стране слепых Одноглазый — король»
"In the Country of the Blind the One-Eyed Man is King"
«В стране слепых Одноглазый — король»
"In the Country of the Blind the One-Eyed Man is King"

«В стране слепых Одноглазый — король»
He looked back at the high and unclimbable wall
Он оглянулся на высокую и неприступную стену
and he looked at the approaching line of seekers
И он посмотрел на приближающуюся вереницу ищущих
others were now coming out of the street of houses too
Теперь с улицы домов выходили и другие
"Bogota!" called one, "Where are you?"
«Богота!» — крикнул один из них, — «Где ты?»
He gripped his spade even tighter
Он еще крепче сжал лопату
and he went down the meadow towards the place of habitations
И пошел он по лугу к месту обитания
where he moved they converged upon him
Куда бы он ни двинулся, они набросились на него
"I'll hit them if they touch me," he swore
«Я ударю их, если они прикоснутся ко мне», — поклялся он
"by Heaven, I will. I'll hit them"
— Клянусь Небесами, я это сделаю. Я их ударю»
He called aloud, "Look here you people"
Он громко крикнул: «Смотрите, люди!»
"I'm going to do what I like in this valley!"
«Я буду делать в этой долине то, что мне нравится!»
"Do you hear? I'm going to do what I like"
— Слышишь? Я буду делать то, что мне нравится»
"and I will go where I like"
«и я пойду, куда захочу»
They were moving in upon him quickly
Они быстро приближались к нему
they were groping at everything, yet moving rapidly
Они ощупью ощупывали все, но двигались быстро

It was like playing blind man's bluff
Это было похоже на блеф слепого
but everyone was blindfolded except one
Но все были с завязанными глазами, кроме одного
"Get hold of him!" cried one
«Схватите его!» — крикнул один из них
He realized a group of men had surrounded him
Он понял, что его окружила группа людей
suddenly he felt he must be active and resolute
Внезапно он почувствовал, что должен быть активным и решительным
"You people don't understand," he cried
«Вы, люди, не понимаете», — воскликнул он
his voice was meant to be great and resolute
Его голос должен был быть великим и решительным
but his voice broke and carried no power
Но голос его срывался и не имел силы
"You are all blind and I can see"
«Вы все слепы, а я вижу»
"Leave me alone!" he tried to command
«Оставьте меня в покое!» — попытался скомандовать он
"Bogota! Put down that spade and come off the grass!"
«Богота! Отложи лопату и слезай с травы!
the order was grotesque in its familiarity
Орден был гротескным в своей фамильярности
and it produced a gust of anger in him
И это вызвало в нем порыв гнева
"I'll hurt you," he said, sobbing with emotion
— Я сделаю тебе больно, — сказал он, всхлипывая от волнения
"By Heaven, I'll hurt you! Leave me alone!"
— Клянусь Небесами, я сделаю тебе больно! Оставь меня в покое!

He began to run without knowing where to run
Он начал бежать, не зная, куда бежать
He ran away from the nearest blind man
Он убежал от ближайшего слепого
because it was a horror to hit him
потому что ударить его было ужасно
He made a dash to escape from their closing ranks
Он сделал рывок, чтобы вырваться из их сомкнутых рядов
in one place the gap was a little wider
В одном месте разрыв был чуть шире
the men on the sides quickly perceived what was happening
Люди по бокам быстро поняли, что происходит
they quickly rushed in to close the gap
Они быстро бросились в атаку, чтобы сократить разрыв
He sprang forward, and saw he would be caught
Он бросился вперед и увидел, что его поймают
and whoosh! the spade had struck
и свист! Лопата ударила
He felt the soft thud of hand and arm
Он почувствовал мягкий стук рук и рук
and the man was down with a yell of pain
И человек упал с воплем боли
and he was through the gap
И он был в пропасти
he was close to the street of houses again
Он снова оказался рядом с улицей домов
the blind men were whirling their spades and stakes
Слепые крутили лопатами и кольями
and they were running with a new swiftness
И они бежали с новой быстротой
He heard steps behind him just in time

Он услышал шаги позади себя как раз вовремя
a tall man was rushing towards him
К нему бежал высокий мужчина
he was swiping his spade at the sound of him
Услышав его, он взмахнул лопатой
Nunez lost his nerve this time
На этот раз у Нуньеса сдали нервы
he could not hit another blind man
Он не мог ударить другого слепого
he hurled his spade next to his antagonist
Он швырнул лопату рядом со своим противником
the tall man whirled about from where he heard the noise
Высокий мужчина обернулся с того места, где услышал шум
and Nunez fled, yelling as he dodged another
и Нуньес убежал, крича, уворачиваясь от другого
He was panic-stricken by this point
К этому моменту его охватила паника
almost blindly, he ran furiously to and fro
Почти вслепую, он яростно бегал взад и вперед
he dodged when there was no need to dodge
Он уворачивался, когда не было необходимости уворачиваться
in his anxiety he tried to see every side of him at once
В своем беспокойстве он старался увидеть все стороны себя сразу
for a moment he had fallen down
На мгновение он упал
of course the followers heard his fall
Конечно, последователи слышали о его падении
he caught a glimpse of something in the circumferential wall
Он мельком заметил что-то в окружной стене

a little gap between the wall
небольшой зазор между стенами
he set off in a wild rush for it
Он бросился за ней в бешеном порыве
he had stumbled across the bridge
Он споткнулся на мосту
and he clambered a little along the rocks
И он немного покарабкался по камням
a surprised young llama went leaping out of sight
Удивленная молодая лама скрылась из виду
and then he lay down, sobbing for breath
А потом он лег, всхлипывая, чтобы перевести дыхание
And so his coup d'etat came to an end
Так закончился его государственный переворот
He stayed outside the wall of the valley of the blind
Он остался за стеной долины слепых
for two nights and days he was without food or shelter
Две ночи и два дня он был без пищи и крова
and he meditated upon the unexpected
И он размышлял о неожиданном
During these meditations he repeated his motto frequently
Во время этих медитаций он часто повторял свой девиз
"In the Country of the Blind the One-Eyed Man is King"
«В стране слепых Одноглазый — король»
He thought chiefly of ways of conquering these people
Он думал главным образом о том, как покорить этот народ
and it grew clear that no practicable way was possible
И стало ясно, что никакой практический путь невозможен

He had brought no weapons with him
Оружия с собой он не взял
and now it would be hard to get any
А сейчас было бы трудно достать какие-либо
his civilized manner had not left him
Цивилизованные манеры не покинули его
there was no way he could assassinate a blind man
Он никак не мог убить слепого
Of course, if he did that, he could dictate the terms
Конечно, если бы он это сделал, он мог бы диктовать условия
he could threaten them with further assassinations
Он мог угрожать им новыми убийствами
But, sooner or later he must sleep!
Но, рано или поздно, он должен уснуть!
He tried to find food among the pine trees
Он пытался найти пищу среди сосен
at night the frost fell over the valley
Ночью на долину опустился мороз
to be comfortable he slept under pine boughs
Чтобы ему было удобно, он спал под сосновыми ветвями
he thought about catching a llama, if he could
Он подумывал о том, чтобы поймать ламу, если бы мог
perhaps he could hammer it with a stone
Может быть, он мог бы забить его камнем
and then he could eat some of it
А потом он мог бы съесть немного
But the llamas had doubt of him
Но ламы сомневались в нем
they regarded him with distrustful brown eyes
Они смотрели на него недоверчивыми карими глазами

and they spat at him when he came near
И плевали в Него, когда Он приближался
Fear came on him the second day
Страх напал на него на второй день
he was taken by fits of shivering
Его охватили приступы дрожи
Finally he crawled back down the wall
Наконец он пополз вниз по стене
and he went back into the Country of the Blind
и он вернулся в Страну Слепых
he shouted until two blind men came out to the gate
Он кричал до тех пор, пока к воротам не вышли двое слепых
and he talked to him, negotiating his terms
И он разговаривал с ним, договариваясь о его условиях
"I had gone mad," he said
— Я сошел с ума, — сказал он
"But I was only newly made"
«Но я был только новенький»
They said that was better
Они сказали, что так лучше
He told them he was wiser now
Он сказал им, что теперь он стал мудрее
and he repented of all he had done
и он раскаялся во всем, что сделал
Then he wept without reserve
Потом он заплакал без удержки
because he was very weak and ill now
потому что он был очень слаб и болен
they took that as a favourable sign
Они восприняли это как благоприятный знак
They asked him if he still thought he could see
Они спросили его, думает ли он, что все еще может

видеть
"No," he said, "That was folly"
«Нет, — сказал он, — это было глупо».
"The word means nothing, less than nothing!"
«Это слово ничего не значит, меньше, чем ничего!»
They asked him what was overhead
Они спросили его, что находится над головой
"About ten times ten the height of a man"
«Примерно в десять раз больше роста человека»
"there is a roof above the world of rock"
«Над миром рока есть крыша»
"it is very, very smooth"
"Он очень, очень гладкий"
"So smooth, so beautifully smooth"
«Так гладко, так красиво гладко»
He burst again into hysterical tears
Он снова разразился истерическими слезами
"Before you ask me any more, give me some food"
«Прежде чем просить меня больше, дай мне немного еды»
"or else I shall die!"
— Иначе я умру!
He expected dire punishments
Он ожидал страшных наказаний
but these blind people were capable of toleration
Но эти слепые были способны терпеть
his rebellion was just more proof of his idiocy
Его бунт был лишь еще одним доказательством его идиотизма
they hardly needed more evidence for his inferiority
Вряд ли им нужны были дополнительные доказательства его неполноценности
as a punishment he was whipped some
В наказание его высекли

and they appointed him to do the heaviest work
И они поручили ему самую тяжелую работу
Nunez could see no other way of surviving
Нуньес не видел другого способа выжить
so he submissively did what he was told
Поэтому он покорно делал то, что ему было сказано
he was ill for some days
Он болел несколько дней
and they nursed him kindly
И они ласково ухаживали за ним
that refined his submission
что усовершенствовало его подчинение
but they insisted on him lying in the dark
Но они настаивали на том, чтобы он лежал в темноте
that was a great misery to him
Это было для него большим несчастьем
blind philosophers came and talked to him
Слепые философы приходили и беседовали с ним
they spoke of the wicked levity of his mind
Они говорили о нечестивом легкомыслии его ума
and they retold the story of creation
И они пересказали историю сотворения мира
they explained further how the world was structured
Далее они объяснили, как устроен мир
and soon Nunez had doubts about what he thought he knew
и вскоре у Нуньеса появились сомнения в том, что, как ему казалось, он знал
perhaps he really was the victim of hallucination
Возможно, он действительно стал жертвой галлюцинаций
and so Nunez became a citizen of the Country of the Blind
Так Нуньес стал гражданином Страны Слепых

and these people ceased to be a generalised people
И эти люди перестали быть обобщенным народом
they became individualities to him
Они стали для него индивидуальностями
and they grew familiar to him
И они стали ему знакомы
the world beyond the mountains slowly faded
Мир за горами медленно исчезал
more and more it became remote and unreal
Все больше и больше она становилась далекой и нереальной
There was Yacob, his master
Там был Якоб, его хозяин
he was a kindly man when not annoyed
Он был добрым человеком, когда его не раздражали
there was Pedro, Yacob's nephew
там был Педро, племянник Якоба
and there was Medina-sarote
и была Медина-Сароте
she was the youngest daughter of Yacob
она была младшей дочерью Якоба
she was little esteemed in the world of the blind
Она была мало уважаема в мире слепых
because she had a clear-cut face
потому что у нее было ясное лицо
and she lacked any satisfying glossy smoothness
И ей не хватало какой-либо удовлетворительной глянцевой гладкости
these are the blind man's ideal of feminine beauty
Таков идеал женской красоты слепого
but Nunez thought her beautiful at first sight
но Нуньес с первого взгляда считал ее красивой
and now she was the most beautiful thing in all the world

И теперь она была самой красивой вещью на свете
her features were not common in the valley
Ее черты лица не были распространены в долине
her closed eyelids were not sunken and red
Ее закрытые веки не были впалыми и красными
but they lay as though they might open again at any moment
Но они лежали так, как будто могли снова открыться в любой момент
she had long eyelashes, which were considered a grave disfigurement
У нее были длинные ресницы, которые считались серьезным уродством
and her voice was weak compared to the others
и голос ее был слаб по сравнению с другими
so it did not satisfy the acute hearing of the young men
Поэтому это не удовлетворило острый слух молодых людей
And so she had no lover
И поэтому у нее не было любовника
Nunez thought a lot about Medina-sarote
Нуньес много думал о Медине-сароте
he thought perhaps he could win her
Он подумал, что, возможно, сможет завоевать ее
and then he would be resigned to live in the valley
И тогда он смирится с тем, что будет жить в долине
he could be happy for the rest of his days
Он мог бы быть счастлив до конца своих дней
he watched her whenever he could
Он следил за ней всякий раз, когда мог
and he found opportunities of doing her little services
И он нашел возможность оказать ей небольшие услуги
he also found that she observed him

Он также обнаружил, что она наблюдала за ним
Once at a rest-day gathering he noticed it
Однажды, на собрании в день отдыха, он заметил это
they sat side by side in the dim starlight
Они сидели бок о бок в тусклом звездном свете
the music was sweet and his hand came upon hers
Музыка была сладкой, и его рука коснулась ее руки
and he dared to clasp her hand
И он осмелился схватить ее за руку
Then, very tenderly, she returned his pressure
Затем она очень нежно ответила ему взаимностью
And one day they were at their meal in the darkness
И вот однажды они обедали в темноте
he felt her hand very softly seeking him
Он почувствовал, как ее рука нежно ищет его
as it chanced, the fire leapt just at that moment
Как оказалось, огонь вспыхнул как раз в этот момент
and he saw the tenderness in her
И он увидел в ней нежность
He sought to speak to her
Он хотел поговорить с ней
He went to her one day when she was sitting
Однажды он подошел к ней, когда она сидела
she was in the summer moonlight, weaving
Она была в летнем лунном свете, ткала
The light made her a thing of silver and mystery
Свет делал ее серебряной и таинственной
He sat down at her feet
Он сел у ее ног
and he told her he loved her
И он сказал ей, что любит ее
and he told her how beautiful she seemed to him
И он сказал ей, какой красивой она казалась ему
He had a lover's voice

У него был голос любовника
he spoke with a tender reverence that came near to awe
Он говорил с нежным благоговением, доходившим почти до благоговения
she had never before been touched by adoration
Она никогда прежде не испытывала восхищения
She made him no definite answer
Она не дала ему определенного ответа
but it was clear his words pleased her
Но было ясно, что его слова ей понравились
After that he talked to her whenever he could
После этого он разговаривал с ней при любой возможности
the valley became the world for him
Долина стала для него миром
the world beyond the mountains seemed no more than a fairy tale
Мир за горами казался не более чем сказкой
perhaps one day he could tell her of these stories
Возможно, когда-нибудь он сможет рассказать ей об этих историях
Very tentatively and timidly, he spoke to her of sight
Очень осторожно и робко он заговорил с ней о зрении
sight seemed to her the most poetical of fancies
Зрелище казалось ей самой поэтической фантазией
she attentively listened to his description
Она внимательно выслушала его описание
he told her of the stars and the mountains
Он рассказал ей о звездах и горах
and he praised her sweet white-lit beauty
И он восхвалял ее милую белую красоту
She did not believe what he was saying
Она не верила тому, что он говорил

and she could only half understand what he meant
И она понимала лишь наполовину, что он имел в виду
but she was mysteriously delighted
Но она была таинственно восхищена
and it seemed to him that she completely understood
и ему казалось, что она полностью понимает
His love lost its awe and took courage
Его любовь потеряла благоговение и обрела мужество
He wanted to ask the elders for her hand in marriage
Он хотел просить у старейшин ее руки и сердца
but she became fearful and delayed
Но она испугалась и задержалась
it was one of her elder sisters who first told Yacob
Одна из ее старших сестер первой рассказала об этом Якобу
she told him that Medina-sarote and Nunez were in love
она сказала ему, что Медина-сароте и Нуньес влюблены друг в друга
There was very great opposition to the marriage
Было очень сильное сопротивление этому браку
the objection wasn't because they valued her
Возражение было не потому, что они ценили ее
but they objected because they thought of him as different
Но они возражали, потому что считали его другим
he was still an idiot and incompetent thing for them
Он все еще был для них идиотом и некомпетентным существом
they classed him below the permissible level of a man
Они классифицировали его ниже допустимого уровня человека

Her sisters opposed the marriage bitterly
Ее сестры были категорически против этого брака
they feared it would bring discredit on them all
Они боялись, что это дискредитирует их всех
old Yacob had formed a sort of liking for Nunez
Старый Якоб проникся симпатией к Нуньесу
he was his nice, but clumsy and obedient serf
Он был его милым, но неуклюжим и послушным крепостным
but he shook his head at the proposal
Но он покачал головой в ответ на это предложение
and he said the thing could not be
И он сказал, что этого не может быть
The young men were all angry
Все молодые люди были рассержены
they did not like the idea of corrupting the race
Им не нравилась идея развращения расы
and one went so far as to strike Nunez
и один из них зашел так далеко, что ударил Нуньеса
but Nunez struck back at the man
но Нуньес нанес ответный удар мужчине
Then, for the first time, he found an advantage in seeing
Тогда он впервые обнаружил преимущество в том, что видел
even by twilight he could fight better than the blind man
Даже в сумерках он мог сражаться лучше, чем слепой
after that fight was over a new order had been established
После того, как эта битва закончилась, был установлен новый порядок
no one ever thought of raising a hand against him

again
Никому и в голову не приходило поднимать на него руку
but they still found his marriage impossible
Но они по-прежнему считали его брак невозможным
Old Yacob had a tenderness for his last little daughter
Старый Якоб испытывал нежность к своей последней маленькой дочери
he was grieved to have her weep upon his shoulder
Он был опечален тем, что она плакала у него на плече
"You see, my dear, he's an idiot"
«Видишь ли, моя дорогая, он идиот»
"He has delusions about the world"
«У него заблуждения о мире»
"there isn't anything he can do right"
«Он ничего не может сделать правильно»
"I know," wept Medina-sarote
— Я знаю, — заплакал Медина-сароте
"But he's better than he was"
«Но он лучше, чем был»
"for all his trying he's getting better"
«Несмотря на все свои старания, он выздоравливает»
"And he is strong and kind to me"
«И он сильный и добрый ко мне»
"stronger and kinder than any other man in the world"
«Сильнее и добрее, чем любой другой человек в мире»
"And he loves me. And, father, I love him"
— И он любит меня. И, батюшка, я люблю его»
Old Yacob was greatly distressed to find her inconsolable
Старый Якоб был очень огорчен, обнаружив, что она безутешна

what made it more distressing is he liked Nunez for many things
что делало его более огорчительным, так это то, что он любил Нуньеса во многих вещах
So he went and sat in the windowless council-chamber
Он пошел и сел в зале заседаний без окон
he watched the other elders and the trend of the talk
Он наблюдал за другими старейшинами и за ходом разговора
at the proper time he raised his voice
В положенное время он повысил голос
"He's better than he was when he came to us"
«Он лучше, чем был, когда пришел к нам»
"Very likely, some day, we shall find him as sane as ourselves"
«Очень вероятно, что когда-нибудь мы найдем его таким же здравомыслящим, как и мы сами»
one of the elders thought deeply about the problem
Один из старейшин глубоко задумался над этой проблемой
He was a great doctor among these people
Среди этих людей он был великим врачом
he had a very philosophical and inventive mind
Он обладал очень философским и изобретательным умом
the idea of curing Nunez of his peculiarities appealed to him
Идея вылечить Нуньеса от его странностей привлекла его
another day Yacob was present at another meeting
в другой день Якоб присутствовал на другом собрании
the great doctor returned to the topic of Nunez
великий врач вернулся к теме Нуньеса

"I have examined Nunez," he said
- Я осмотрел Нуньеса, - сказал он
"and the case is clearer to me"
"и дело мне понятнее"
"I think very probably he might be cured"
«Я думаю, что, скорее всего, его можно вылечить»
"This is what I have always hoped," said old Yacob
— Это то, на что я всегда надеялся, — сказал старый Якоб
"His brain is affected," said the blind doctor
— У него поражен мозг, — сказал слепой доктор
The elders murmured in agreement
Старейшины зашептались в знак согласия
"Now, what affects it?" asked the doctor
«Что же на это влияет?» — спросил доктор
"This," said the doctor, answering his own question
— Вот это, — ответил доктор, отвечая на свой вопрос
"Those queer things that are called the eyes"
«Те странные вещи, которые называются глазами»
"they exist to make an agreeable indentation in the face"
«Они существуют для того, чтобы сделать приятную вмятину на лице»
"the eyes are diseased, in the case of Nunez"
«глаза больны, в случае с Нуньесом»
"in such a way that it affects his brain"
«Таким образом, что это влияет на его мозг»
"his eyes bulge out of his face"
«Его глаза выпучены из лица»
"he has eyelashes, and his eyelids move"
«У него есть ресницы, и веки его двигаются»
"consequently, his brain is in a state of constant irritation"
«следовательно, его мозг находится в состоянии

постоянного раздражения»
"and so, everything is a distraction to him"
«А так, для него все отвлекает»
Yacob listened intently at what the doctor was saying
Якоб внимательно прислушивался к тому, что говорил доктор
"I think I may say with reasonable certainty that there is a cure"
«Я думаю, что могу сказать с достаточной уверенностью, что лекарство существует»
"all we need to do is a simple and easy surgical operation"
«Все, что нам нужно сделать, это простая и легкая хирургическая операция»
"all this involves is removing the irritant eyes"
«Все, что это включает в себя, — это удаление раздражающих глаз»
"And then he will be sane?"
— И тогда он будет в здравом уме?
"Then he will be perfectly sane"
«Тогда он будет в полном здравом уме»
"and he'll be a quite admirable citizen"
«И он будет достойным восхищения гражданином»
"Thank Heaven for science!" said old Yacob
«Слава Богу за науку!» — сказал старый Якоб
and he went forth at once to tell Nunez of the good news
И он тотчас же отправился возвестить Нуньесу благую весть
But Nunez wasn't quite as enthusiastic about the idea
Но Нуньес не был в восторге от этой идеи
he received the news with coldness and disappointment
Он воспринял эту новость с холодом и

разочарованием
"the tone of your voice does not inspire confidence"
«Тон вашего голоса не внушает доверия»
"one might think you do not care for my daughter"
«Можно подумать, что ты не заботишься о моей дочери»
It was Medina who persuaded Nunez to face the blind surgeons
Именно Медина убедил Нуньеса встретиться лицом к лицу со слепыми хирургами
"You do not want me," he said, "to lose my gift of sight?"
— Ты не хочешь, — сказал он, — чтобы я потерял дар зрения?
She shook her head
Она покачала головой
"My world is sight"
«Мой мир – это зрение»
Her head drooped lower
Ее голова опустилась ниже
"There are the beautiful things"
«Есть прекрасные вещи»
"the world is full of beautiful little things"
«Мир полон красивых мелочей»
"the flowers and the lichens amidst the rocks"
«Цветы и лишайники среди скал»
"the light and softness on a piece of fur"
"Свет и мягкость на куске меха"
"the far sky with its drifting dawn of clouds"
«Далекое небо с его плывущим рассветом облаков»
"the sunsets and the stars"
«Закаты и звезды»
"And there is you"
«А вот и ты»

"For you alone it is good to have sight"
«Тебе одному хорошо иметь зрение»
"to see your sweet, serene face sight is good"
«Хорошо видеть твое милое, безмятежное лицо»
"to see your kindly lips"
«видеть твои добрые уста»
"your dear, beautiful hands folded together"
«Твои милые, прекрасные руки, сложенные вместе»
"it is these eyes of mine you won"
«Именно эти мои глаза ты завоевал»
"it is these eyes that hold me to you"
«Именно эти глаза удерживают меня к тебе»
"but it is these eyes that those idiots seek"
"Но именно эти глаза ищут эти идиоты"
"Instead, I must touch you"
«Вместо этого я должен прикоснуться к тебе»
"I would hear you, but never see you again"
«Я бы услышал тебя, но больше никогда не увижу»
"must I come under that roof of rock and stone and darkness?"
«Должен ли я войти под эту крышу из скал, камней и тьмы?»
"that horrible roof under which your imaginations stoop"
«Та ужасная крыша, под которой прогибаются твои фантазии»
"no; you would not have me do that?"
— Нет. Ты не хочешь, чтобы я это сделал?
A disagreeable doubt had arisen in him
В нем возникло неприятное сомнение
He stopped and left the thing in question
Он остановился и оставил предмет, о котором шла речь
she said, "I wish sometimes you would not talk like

that"
Она сказала: «Мне бы хотелось, чтобы иногда ты не говорил так»
"talk like what?" asked Nunez
«Говори, как что?» — спросил Нуньес
"I know your sight is pretty"
«Я знаю, что у тебя красивое зрелище»
"It is your imagination"
«Это ваше воображение»
"I love it, but now..."
«Мне это нравится, но теперь...»
He felt cold at the gravity of her words
Он похолодел от серьезности ее слов
"Now?" he said, faintly
"А теперь?" - сказал он еле слышно
She sat quite still without saying anything
Она сидела неподвижно, ничего не говоря
"you think, I would be better without my eyes?"
— Ты думаешь, мне было бы лучше без глаз?
He was realising things very swiftly
Он очень быстро все понял
He felt anger at the dull course of fate
Он чувствовал злость из-за унылого хода судьбы
but he also felt sympathy for her lack of understanding
Но он также сочувствовал ее непониманию
but his sympathy for her was akin to pity
Но его сочувствие к ней было сродни жалости
"Dear," he said to his love
— Дорогая, — сказал он своей возлюбленной
her spirit pressed against the things she could not say
Ее дух давил на то, что она не могла сказать
He put his arms about her and he kissed her ear
Он обнял ее и поцеловал в ухо
and they sat for a time in silence

Некоторое время они сидели молча
"If I were to consent to this?" he said at last
«Если бы я согласился на это?» — сказал он наконец
in a voice that was very gentle
очень нежным голосом
She flung her arms about him, weeping wildly
Она обняла его и дико заплакала
"Oh, if you would do that," she sobbed
— О, если бы ты это сделал, — всхлипнула она
"if only you would do that one thing!"
— Если бы ты только сделал это!
Nunez knew nothing of sleep in the week before the operation
Нуньес ничего не знал о сне в течение недели перед операцией
the operation that was to raise him from his servitude and inferiority
Операция, которая должна была поднять его из рабства и неполноценности
the operation that was to raise him to the level of a blind citizen
операция, которая должна была возвысить его до уровня слепого гражданина
while the others slumbered happily, he sat brooding
В то время как остальные счастливо спали, он сидел в задумчивости
all through the warm, sunlit hours he wandered aimlessly
В теплые, залитые солнцем часы он бесцельно бродил
and he tried to bring his mind to bear on his dilemma
И он попытался привести свой разум в соответствие со своей дилеммой
He had given his answer and his consent

Он дал свой ответ и свое согласие
and still he was not sure if it was right
И все же он не был уверен, правильно ли это
the sun rose in splendour over the golden crests
Солнце восходило в великолепии над золотыми гребнями
his last day of vision had began for him
Для него начался последний день видения
He had a few minutes with Medina-sarote before she went to sleep
Он провел несколько минут с Мединой-сароте, прежде чем она легла спать
"Tomorrow," he said, "I shall see no more"
«Завтра, — сказал он, — я больше не увижу»
"Dear heart!" she answered
«Милое сердце!» — ответила она
and she pressed his hands with all her strength
И она изо всех сил сжала его руки
"They will hurt you, but little"
«Они причинят вам боль, но немного»
"you are going to get through this pain"
«Ты справишься с этой болью»
"you are going through it, dear lover, for me"
«Ты проходишь через это, дорогая возлюбленная, ради меня»
"if a woman's heart and life can do it, I will repay you"
«Если сердце и жизнь женщины могут это сделать, я отплачу тебе»
"My dearest one," she said in a tender voice, "I will repay"
— Милый мой, — сказала она нежным голосом, — я отплачу.
He was drenched in pity for himself and her
Он был полон жалости к себе и к ней

He held her in his arms and pressed his lips to hers
Он обнял ее и прижался губами к ее губам
and he admired her sweet face for the last time
И он в последний раз любовался ее милым личиком
"Good-bye!" he whispered to the dear sight of her
«Прощай!» — прошептал он ее милому взору
And then in silence he turned away from her
А потом молча отвернулся от нее
She could hear his slow retreating footsteps
Она слышала его медленно удаляющиеся шаги
something in the rhythm of his footsteps threw her into a passion of weeping
Что-то в ритме его шагов заставило ее заплакать
He had fully meant to go to a lonely place
Он твердо намеревался отправиться в уединенное место
to the meadows with the beautiful white narcissus
на луга с красивым белым нарциссом
there he wanted remain until the hour of his sacrifice
Там он хотел остаться до часа своего жертвоприношения
but as he walked he lifted up his eyes
но, идя, он поднял глаза
and he saw the morning with his sight
И увидел он утро своим зрением
it was like an angel shining in golden armour
Это было похоже на ангела, сияющего в золотых доспехах
he truly did love Medina-sarote
он действительно любил Медину-сароте
he was prepared to give up his sight for her
Он был готов отдать за нее зрение
he was going to live the rest of his life in the valley
Он собирался прожить остаток своей жизни в долине

the angel marched down the steeps of the meadows
Ангел спустился по крутым склонам лугов
and it bathed everything in its golden light
И он заливал все своим золотым светом
without any notice something in him changed
Незаметно что-то в нем изменилось
the country of the blind was no more than a pit of sin
Страна слепых была не более чем ямой греха
He did not turn aside as he had meant to do
Он не отвернулся, как собирался
but he went on and passed through the wall
Но он пошел дальше и прошел сквозь стену
from there he went out upon the rocks
Оттуда он вышел на скалы
his eyes were upon the sunlit ice and snow
Его взгляд был устремлен на залитый солнцем лед и снег
he saw their infinite beauty
Он видел их бесконечную красоту
his imagination soared over the peaks
Его воображение парило над вершинами
his thoughts went to the world he wouldn't see again
Его мысли устремились в мир, который он больше не увидит
he thought of that great free world
Он думал об этом великом свободном мире
the world that he was prepared to part from
Мир, с которым он был готов расстаться
the world that was his own
Мир, который был его собственным
and he had a vision of those further slopes
И у него было видение этих дальних склонов
his mind took him through the valleys he had come from

Его разум вел его по долинам, из которых он пришел
he went along the river into the city
Он пошел вдоль реки в город
in his mind he could see Bogota
В своем воображении он видел Боготу
his imagination carried him through the city
Его воображение несло его по городу
a place of multitudinous stirring beauty
Место многогранной волнующей красоты
a glory by day, a luminous mystery by night
Слава днем, светлая тайна ночью
a place of palaces and fountains
место дворцов и фонтанов
a place of statues and white houses
Место статуй и белых домов
his mind went with him out the city
Его разум ушел с ним в город
he followed the journey of a river
Он следовал по течению реки
the river went through the villages and forests
Река протекала через деревни и леса
a big steamer came splashing by
Мимо плескался большой пароход
the banks of the river opened up into the sea
Берега реки выходили в море
the limitless sea with its thousands of islands
Бескрайнее море с тысячами островов
he could see the lights of the islands and the ships
Он видел огни островов и кораблей
life continued on each little island
Жизнь продолжалась на каждом маленьком островке
and he thought about that greater world
И он думал об этом великом мире
he looked up and saw the infinite sky

Он посмотрел вверх и увидел бесконечное небо
it was not like the sky in the valley of the blind
Это не было похоже на небо в долине слепых
a small disk cut off by mountains
небольшой диск, отрезанный горами
but, an arch of immeasurably deep blue
Но арка неизмеримо глубокого синего цвета
and in this he saw the circling of the stars
И в этом он увидел кружение звезд
His eyes began to scrutinise the circle of mountains
Его глаза начали изучать круг гор
he looked at it a little keener than he had before
Он посмотрел на нее чуть внимательнее, чем раньше
"perhaps one could go up that gully"
«Может быть, можно было бы подняться по этому оврагу»
"from there one could get to that peak"
«Оттуда можно было добраться до той вершины»
"then one might come out among those pine trees"
«Тогда можно было бы выйти среди этих сосен»
"the slope past the pines might not be so steep"
«Склон за соснами может быть не таким крутым»
"and then perhaps that wallface can be climbed"
"И тогда, возможно, на эту стену можно будет взобраться"
"where the snow starts there will be a river"
«Где снег начинается, там будет река»
"from there there should be a path"
"Оттуда должна быть тропинка"
"and if that route fails, to the East are other gaps"
"А если этот маршрут не удастся, то на Восток другие бреши"
"one would just need a little good fortune"
«Нужно просто немного удачи»

He glanced back at the village
Он оглянулся на деревню
but he had to look at it once more
Но он должен был взглянуть на нее еще раз
he looked down into the country of the blind
Он посмотрел вниз, в страну слепых
he thought of Medina-sarote, asleep in her hut
он подумал о Медине-сароте, спящей в своей хижине
but she had become small and remote to him
Но она стала для него маленькой и далекой
he turned again towards the mountain wall
Он снова повернулся к горной стене
the wall down which he had come down that day
стена, с которой он сошел в тот день
then, very circumspectly, he began his climb
Затем, очень осмотрительно, он начал свое восхождение
When sunset came he was no longer climbing
Когда наступил закат, он больше не поднимался
but he was far and high up the valley
Но он был далеко и высоко в долине
His clothes were torn and his limbs were bloodstained
Его одежда была разорвана, а конечности окровавлены
he was bruised in many places
Он был во многих местах в синяках
but he lay as if he were at his ease
Но он лежал, как будто чувствовал себя спокойно
and there was a smile on his face
И на его лице была улыбка
From where he rested the valley seemed as if it were in a pit
С того места, где он отдыхал, долина казалась ему бездной

now it was nearly a mile below him
Теперь он был почти на милю ниже него
the pit was already dim with haze and shadow
Яма была уже тусклая от дымки и тени
the mountain summits around him were things of light and fire
Горные вершины вокруг него были чем-то светлым и огненным
the little things in the rocks were drenched with light and beauty
Маленькие вещи в скалах были залиты светом и красотой
a vein of green mineral piercing the grey
Зеленая минеральная жила, пронизывающая серый
a flash of small crystal here and there
вспышка маленького хрусталя то тут, то там
a minutely-beautiful orange light close to his face
Мельчайший оранжевый свет рядом с его лицом
There were deep, mysterious shadows in the gorge
В ущелье были глубокие, таинственные тени
blue deepened into purple, and purple into a luminous darkness
синий углубился в пурпурный, а пурпурный — в светящуюся тьму
over him was the endless vastness of the sky
Над ним была бескрайняя необъятность неба
but he heeded these things no longer
Но он уже не внимал этому
instead, he laid very still there
Вместо этого он лежал совершенно неподвижно
smiling, as if he were content now
улыбаясь, как будто он был доволен
content to have escaped from the valley of the Blind
довольствовался тем, что сбежал из долины Слепых

the valley in which he had thought to be King
долина, в которой он считал себя королем
the glow of the sunset passed
Зарево заката прошло
and the night came with its darkness
И наступила ночь с ее тьмой,
and he lay there, under the cold, clear stars
И он лежал там, под холодными, ясными звездами

The End
Конец

www.ingramcontent.com/pod-product-compliance
Lightning Source LLC
Chambersburg PA
CBHW012006090526
44590CB00026B/3900